Yo AJ,
we did it.

You are the
Khorshíd to my máh
Setáreye khoshbakhte maní

The Persian Alphabet

We want to simplify your Persian learning journey as it is such a unique & enigmatic language. There are 32 official Persian letters. The letters change form depending on their position in a word or when they appear separate from other letters. For example, the letter ghayn غ has four ways of being written depending on where it appears in any given word:

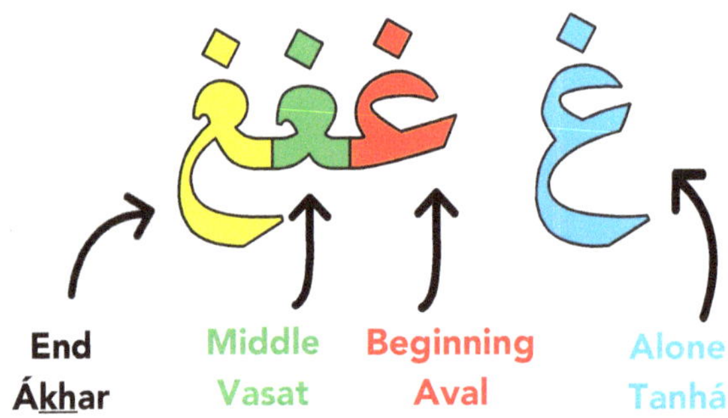

It is important to note that Persian books are read from right to left (←). There are 7 separate/stand-alone letters that do not connect in the same way to adjacent letters (these will be depicted in blue). They are:

The short vowels a, e & o are usually omitted in literature and are depicted by markings above & below letters (ـَـِـُ). They are not allocated a letter name, unlike their long vowel counterparts á: alef, í: ye & ú: váv (آ ی و).

Englisi	Farsi	
A a	آ ◌َ◌َ	
Á á	آ ا ا	'alef
B b	ب ببب	Be
D d	د دد	dál
E e	اِ ◌ِ◌ِ	
F f	ف ففف	fe
G g	گ گگگ	gáf
H h	ه ههه	he
H h	ح ححح	he
Í í	ی ییی	ye
J j	ج ججج	jim
K k	ک ککک	káf
L l	ل للل	lám

Englisi	Farsi	
M m	م ممم	mím
N n	ن ننن	nún
O o	اُ ◌ُ◌ُ	
P p	پ پپپ	pe
Q q	ق ققق	qáf
R r	ر رر	re
S s	س سسس	sin
S s	ص صصص	sád
S s	ث ثثث	se
T t	ت تتت	te
T t	ط ططط	tá
Ú ú	و وو	váv
V v	و وو	váv

Englisi	Farsi	
Y y	ی ییی	ye
Z z	ذ ذذ	zál
Z z	ز زز	ze
Z z	ض ضضض	zád
Z z	ظ ظظظ	zá
Ch ch	چ چچچ	che
Gh gh	غ غغغ	ghayn
Kh kh	خ خخخ	khe
Sh sh	ش ششش	shín
Zh zh	ژ ژژ	zhe
'	ع ععع	ayn

Letter Guide©

غ غغغ

End Ákhar — Middle Vasat — Beginning Avel — Alone Tanhá

Pronunciation Guide©

Persian	English	Pronunciation
اَ	a	ant
آ	á	arm
ب	b	bat
د	d	dog
اِ	e	end
ف	f	fun
گ	g	go
ه	h	hat
ح	h	hat
ی	í	meet
ج	j	jet
ک	k	key
ل	l	love
م	m	me
ن	n	nap
اُ	o	on
پ	p	pat
ق	q/gh*	merci
ر	r	run
س	s	sun
ص	s	sun
ث	s	sun

Persian	English	Pronunciation
ت	t	top
ط	t	top
و	ú	moon
و	v	van
ی	y	yes
ذ	z	zoo
ز	z	zoo
ض	z	zoo
ظ	z	zoo
چ	ch	chair
غ	gh*	merci
خ	kh*	bach
ش	sh	share
ژ	zh	pleasure
ع	'	uh-oh†

* : guttural sound from back of throat
† : glottal stop, breathing pause
ّ◌ : Indicates a double letter
ً◌ : Indicates the letter n sound
لا : Indicates combination of letter l & á (lá)
ای : Indicates the long í sound (ee in meet)
اِی : Indicates the long í sound (ee in meet)
(...) : Indicates colloquial use

Hello

Dorúd

دُرود

(salám)

ú: **as (oo) in m<u>oo</u>n**
á: **as (a) in <u>a</u>rm**

Welcome

Khosh ámadí

خوش آمَدی

á: as (a) in arm

í: as (ee) in meet

How are you?

Hále shomá chetoreh?

حالِ شُما چِطورِه؟

(Chetorí?)

á: as (a) in arm

í: as (ee) in meet

I am well

Man hálam khúbeh

مَن حالَم خوبِه

ú: **as (oo) in moon**

What is your name?

Esme <u>sh</u>omá <u>ch</u>íeh?

اِسمِ شُما چیِه؟

(Esmet <u>ch</u>íeh?)

á: as (a) in <u>a</u>rm

í: as (ee) in m<u>ee</u>t

My name is ...

Esme man ... hast

اِسمِ مَن ... هَست

Where are you?

Shomá kojá hastí?

شُما کُجا هَستی؟

(Kojáí?)

á: **as (a) in <u>a</u>rm**
í: **as (ee) in m<u>ee</u>t**

I miss you

Delam barát tang shodeh

دِلَم بَرات تَنگ شُدِه

á: as (a) in arm

[Direct Translation: My stomach/heart is tight for you]

Thank you

Sepás

سِپاس

(Mersí/Mamnún)

ú: as (oo) in m<u>oo</u>n

í: as (ee) in m<u>ee</u>t

Yes **No** **Please**

Baleh **Nah** **Lotfan**

بَلْه نَه لُطفاً

ً: Indicates the 'n' sound

Come Here

Bíá ínjá

بیا اِینجا

í: **as (ee) in m<u>ee</u>t**
á: **as (a) in <u>a</u>rm**

Well done

Áfarín

آفَرین

(Báríkalláh)

á: as (a) in <u>a</u>rm
í: as (ee) in m<u>ee</u>t

I am sorry/excuse me

Bebakhshíd

بِبَخشید

í: as (ee) in meet

Let's have a nap

Bía yeh <u>ch</u>ort bezaním

بیا یِه چُرت بِزَنیم

í: as (ee) in m<u>ee</u>t

Good morning

Sobh bekheyr

صُبح بِخِير

Good night

Shab bekheyr

شَب بِخِير

Here you go

Befarmáyíd

بِفَرمایید

á: as (a) in arm

í: as (ee) in meet

Happy birthday

Tavalodet mobárak

تَوَلُّدِت مُبارَک

á: **as (a) in <u>a</u>rm**

Look!

Negáh kon!

نِگاه کُن

á: **as (a) in <u>a</u>rm**

Listen

Gúsh kon

گوش کُن

(Gúsh bedeh)

ú: as (oo) in moon

[Direct Translation: Give me your ear]

Wait/Stop

Sabr kon

صَبر کُن

(Váísá)

á: as (a) in arm

í: as (ee) in meet

Help!

Komak!

کُمَک

Let’s wash our hands

Bíá dastemún rá beshúyím

بیا دَستِمون را بِشوییم

í: as (ee) in meet
á: as (a) in arm
ú: as (oo) in moon

Let's read a book

Bíá ketáb bekhúním

بیا کِتاب بِخونیم

í: as (ee) in meet

á: as (a) in arm

ú: as (oo) in moon

Let's go shopping

Bíá berím kharíd

بیا بِریم خَرید

í: as (ee) in meet

á: as (a) in arm

Let's have a bath

Bíá berím hamám

بیا بِریم حَمام

í: as (ee) in m<u>ee</u>t

á: as (a) in <u>a</u>rm

Let's take a photo

Bíá a'ks begírím

بیا عَکس بِگیریم

í: as (ee) in m<u>ee</u>t

á: as (a) in <u>a</u>rm

Let’s cook food

Bíá ghazá bepazím

بیا غَذا بِپَزیم

í: **as (ee) in meet**

á: **as (a) in arm**

Let's put on our clothes

Bíá lebás bepú<u>sh</u>ím

بیا لِباس بِپوشیم

í: as (ee) in m<u>ee</u>t

á: as (a) in <u>a</u>rm

ú: as (oo) in m<u>oo</u>n

Let’s open the door

Bíá dar rá báz koním

بیا دَر را باز کُنیم

í: **as (ee) in m<u>ee</u>t**
á: **as (a) in <u>a</u>rm**

Please chew your food

Lotfan ghazáto bejo

لُطفاً غَذاتو بِجو

ً◌: Indicates the 'n' sound

á: as (a) in arm

Please put it back where it belongs

Lotfan bezár sare jásh

لُطفاً بِذار سَرِ جاش

ً: Indicates the 'n' sound

á: as (a) in arm

Give me a kiss

Yeh bús bedeh

یِه بوس بِدِه

ú: **as (oo) in m<u>oo</u>n**

It was delicious

Chasbíd

چَسبيد

í: as (ee) in meet

[Direct translation: it stuck to me]

I love you so much

Kheylí zíád dústet dáram

خِيلي زياد دوستِت دارَم

í: as (ee) in meet

á: as (a) in arm

ú: as (oo) in moon

I love you so much

Jígareto bo<u>kh</u>oram

جیگِرتو بُخورَم

í: as (ee) in m<u>ee</u>t

[Direct translation: I want to eat your liver]

Goodbye

Khodá háfez

خُدا حافِظ

á: **as (a) in arm**

[Direct translation: May God keep you safe/protect you]

Useful words for families

English	Finglisi™	Persian
thirsty	teshneh	تِشنِه
hungry	gorosneh	گُرُسنِه
tired	khasteh	خَستِه
pee	jísh	جیش
urine	edrár	اِدرار
poo	an	آن
faeces	madfo'	مَدفوع
shower	dúsh	دوش
happy	khoshhál	خوشحال
sad	ghamgín	غَمگین
angry	a'sabání	عَصَبانی
go	boro	بُرو
come	bíá	بیا
nappy	pushak	پوشَک
English	Englísí	اِنگلیسی
Persian	Fársí	فارسی

www.ingramcontent.com/pod-product-compliance
Ingram Content Group UK Ltd.
Pitfield, Milton Keynes, MK11 3LW, UK
UKHW060119010826
14089UKWH00005B/53

9 780645 205305